EVA SOMMER • TANJA WECHS

Malermütze, Windmühle & Co.

▶26

▶12

▶42

INHALT

05 VORWORT

06 Pfeilschnelle Papierflieger
08 Vier kleine Frösche
10 Frecher Tausendfüßler
12 Faszinierende Windmühle
15 Bezaubernde Blumenstecker
16 Bunte Rakete
18 Spielspaß für Ritter & Prinzessinnen
20 Einfache Windräder
22 Kunterbunter Malerhut
24 Zarte Fensterblüher

▶ 36

26	Furchteinflößendes Krokodil	50	Gefaltete Lichter
28	Trickreiche Zaubertüte	52	Sternenkörbchen
30	Anmutige Schmetterlinge	54	Glitzernde Sterne
32	Schicke Falttasche		
34	Drei kleine Entchen	56	MATERIALIEN UND WERKZEUGE
36	Segelschiff-Flotte	57	SO WIRD'S GEMACHT
38	Kleiner Fischschwarm	58	HIMMEL-UND-HÖLLE-FALTUNG
40	Buntes Wetter-Mobile	59	WINDRADFALTUNG
42	Glückliche Schweinefamilie	60	VORLAGEN
44	Hübsche Briefkuverts	63	QUICKFINDER
46	Farbenfrohe Bilderrahmen	64	AUTORINNEN
48	Prächtiger Adventsstern	64	IMPRESSUM

Malermütze, Windmühle & Co.

Verregnete Sonntage und Langeweile ade, jetzt wird dich das Prasseln an der Fensterscheibe nicht mehr stören. Wenn aus einem Blatt Papier durch ein paar gekonnte Kniffe ein pfeilschneller Flieger, eine Ente, ein Spiel oder eine Windmühle wird, ist das schlechte Wetter vergessen!

Sobald du die Grundfaltungen erst einmal beherrschst, kann das Experimentieren beginnen. Was wird aus Himmel-und-Hölle-Spielen, die man ineinandersteckt? – Zum Beispiel ein Krokodil oder eine Rakete!
Auch Geschenke lassen sich aus bunten Faltblättern machen, etwa schöne Blumen zum Muttertag, kleine Schweinchen als Neujahrsgruß, hübsche Sterne für die Weihnachtsdekoration oder Bilderrahmen für die gelungensten Schnappschüsse oder gemalten Kunstwerke.

Alles, was du für den abwechslungsreichen Faltspaß benötigst, sind bunte Papiere, bisweilen eine Schere und Klebstoff – und natürlich ein wenig Geschick und viel gute Laune!

Viel Spaß beim Falten und Spielen wünschen dir

Pfeilschnelle Papierflieger
mit Fluggarantie

MOTIVLÄNGE
ca. 30 cm

MATERIAL
PRO FLIEGER
* Transparentpapier in Blau- oder Grüntönen, A4

1 Falte das Papier der Länge nach zur Mitte und öffne die Faltung wieder.

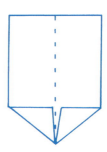

2 Nun führst du eine untere Ecke zum Mittelbruch, sodass die Papierkante genau parallel dazu liegt und drückst sie flach. Ziehe die Faltkante noch einmal mit dem Fingernagel nach, bevor du ebenso das zweite Dreieck faltest.

3 Falte dann die schrägen Außenkanten zur Mitte.

4 Wiederhole denselben Vorgang noch ein Mal. Drehe die Faltung danach um.

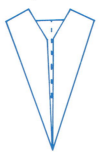

5 Klappe das Flugzeug entlang des Mittelbruchs deckungsgleich zusammen. Ziehe den Mittelkniff noch einmal mit deinem Fingernagel nach. Nun öffnest du die Faltung und stellst die Tragflächen auf. Fertig ist dein Flieger für den Jungfernflug!

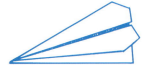

Mein Tipp für dich

Weitfluggarantie Stelle die Tragflächen und den Rumpf wie ein Y zueinander. So fliegt der Papierpfeil am besten. Wirf ihn mit Schwung und einer halben Drehung.

KLASSISCH

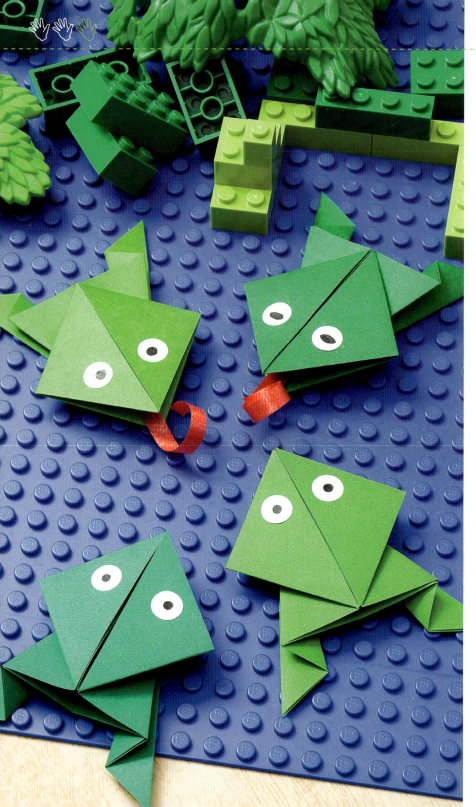

MOTIV-LÄNGE
ca. 8 cm

MATERIAL PRO TIER

* Faltblatt in Hell- oder Dunkelgrün, 10 cm x 10 cm
* Selbstklebepunkte in 2 x Weiß (Augen) und 1 x Grün (Maul zusammenhalten), ø 8 mm
* Geschenkband aus Kunststoff in Rot, 5 mm breit, 7 cm lang (Zunge)
* Permanentmarker in Schwarz
* Schere

TIERISCH

Vier kleine Frösche

ein wahrer Bastelspaß

1 Falte zuerst die Schräglinien. Lege dazu das Papier mit einer Ecke vor dich hin. Falte die untere Ecke genau auf die obere und streiche die Faltkante mit dem Daumennagel gut nach. Öffne die Faltung wieder. Drehe das Papier und falte die zweite Schräglinie ebenso.

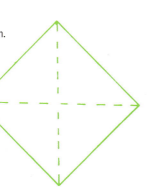

2 Danach faltest du die Geraden. Lege dazu das Papier mit zwei Ecken vor dich hin und falte die untere Kante genau auf die obere Kante. Den Bruch gut ausstreichen, bevor du den Vorgang mit den anderen beiden Kanten wiederholst.

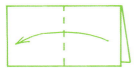

3 Lege nun das Papier mit der Öffnung nach unten vor dich hin. Falte die rechte Seite auf die linke.

4+5 Stelle das oben liegende Quadrat senkrecht auf und ziehe seine obere Ecke nach unten auf den Bruch. Drücke das Papier an den Schräglinien entlang zum Dreieck. Drehe die Faltarbeit um und wiederhole den Faltschritt mit dem zweiten Papierquadrat.

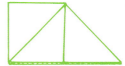

6 Falte als Nächstes die rechte untere Ecke (der oberen Dreieckhälfte) nach oben zur Spitze.

7 Verfahre ebenso mit der linken Ecke, bevor du die Faltarbeit wendest.

8 Vor dir liegt das Papierdreieck. Falte zuerst jede Außenkante zum Mittelbruch (a). Danach faltest du jede Seite auf die Hälfte, indem du die Innenkanten auf die Außenkanten legst (b).

9 So sieht die Rückseite des Tiers nun aus.

10 Drehe den Frosch um. Füge die beiden getrennten Kopfteile mit einem grünen Klebepunkt von unten zusammen (innen an der Oberseite des Mauls). Die weißen Klebepunkte setzt du als Augen auf und malst die Pupillen mit einem Stift darauf. Kräusle das Kunststoffband über einem Scherenrücken und klebe das Bandende an die Maulunterseite.

Frecher Tausendfüßler

je länger und bunter, desto beeindruckender

MOTIVLÄNGE
ca. 40 cm

MATERIAL
* Faltblätter in 4 x Rot, je 2 x Orange, Violett und Braun und 1 x Schwarz, 10 cm x 10 cm
* Wackelaugen, ø 1 cm
* Pompon in Rot, ø 1 cm

Dein Tausendfüßler entsteht aus elf Dreiecksfaltungen. Die einzelnen Dreiecke steckst und klebst du so zusammen, dass du immer die Spitze des nächsten Dreiecks in die Rückentasche der vorhergehenden Faltung schiebst.

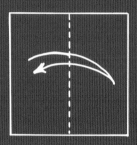

1 Falte dein Papierquadrat senkrecht in der Mitte und öffne es wieder.

2 Wende das Papier und falte die Schräglinien von Spitze zu Spitze. Öffne dann das Papier wieder.

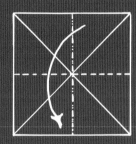

3 Falte dein Quadrat nun waagerecht.

4 Schiebe und falte die rechte obere Ecke nach innen.

5 Wiederhole den Arbeitsschritt mit der linken oberen Ecke.

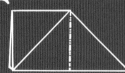

6 Falte nun die oberen Papierlagen zur Mittellinie und drehe deine Faltarbeit dann nach links. Die Figur sieht dann wie rechts abgebildet aus.

7 Falte die beiden äußeren Spitzen an den gestrichelten Linien in einem rechten Winkel nach unten, das sind die Beine.

8 Fertig ist das erste von elf Teilen! Zuletzt klebst du Pompon und Wackelaugen wie abgebildet auf das vorderste Teil. Knicke als Fühler noch seine Spitzen nach oben und dein Tausendfüßler ist bereit für sein erstes Abenteuer.

TIERISCH

Faszinierende Windmühle

Überrasche deine Freunde damit!

MOTIV-LÄNGE
ca. 18 cm

MATERIAL
* festes Transparentpapier mit Motivdruck, 24 cm x 24 cm (A3-Breite)

1 Falte die rechte Spitze nach links. Öffne die Faltung wieder und wende das Papier.

2 Falte die obere Spitze nach unten und öffne die Faltung wieder.

3 Falte nun die beiden Mittellinien deines Quadrates, indem du die Ober- auf die Unterkante und die Seitenkanten aufeinander faltest. Wieder öffnen.

4 Schiebe und falte das Papier nun zu einem zweilagigen Quadrat mit zwei dreieckigen Innentaschen. Führe dazu die Ecken 1 und 2 zur Ecke 3, dabei rutscht auch die Ecke 4 mit hoch.

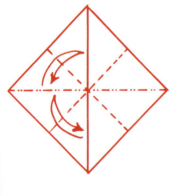

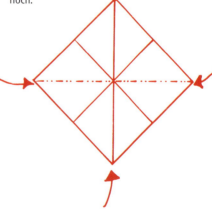

5 So sieht die Form nun aus.

6 Drücke die Form flach und streiche alle Kanten gut nach.

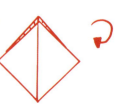

ÜBERRASCHEND

FORTSETZUNG **ÜBERRASCHEND**

7 Drehe deine Faltung so, dass die Öffnung unten ist. Falte dann die linke Papierspitze zur Mittellinie.

8 Ergebnis von Schritt 7. Öffne die Faltung wieder.

9 Wiederhole den Faltschritt in entgegengesetzter Richtung mit der gleichen Spitze und öffne die Faltung wieder.

10 So sieht die Faltung aus Schritt 9 aus, bevor du das Papier wieder öffnest.

11 Falte nun beide Kanten gleichzeitig zum Mittelbruch, dann entsteht in der Mitte eine Tasche, die im rechten Winkel nach oben zeigt. Diese Tasche zu einer Spitze zusammenfalten und nach unten umklappen.

12 So sieht die Faltung jetzt aus.

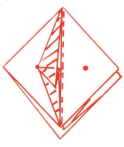

13 Diese Faltung nach rechts umklappen. Wiederhole die Schritte 7 bis 12 auf den anderen drei Seiten. Dafür immer wieder die hinterste rechte Lasche von hinten zur linken Seite umklappen.

14 Öffne zuletzt die vier Flügel (Spitzen) etwas, damit du Luft dazwischenblasen kannst und die Windmühle sich gut dreht.

MOTIVHÖHE
ca. 25 cm

MATERIAL PRO BLUME
* Faltblatt in Rosa, Gelb oder Orange, 15 cm x 15 cm
* Faltblatt in Pink, Hellgelb und Rot, 10 cm x 10 cm
* Bürolocher (für Blütenstempel)
* Holzstab, ø 6 mm, ca. 25 cm lang
* Krepppapier in Hellgrün, 5 cm breit, 50 cm lang

BLUMIG

Bezaubernde Blumenstecker

eine hübsche Idee zum Muttertag

1 Umwickle die drei Holzstäbe, bis auf die letzten 3 cm, mit Krepppapierband. Klebe das Anfangs- und Endstück dabei gut fest.

2 Stelle aus den Faltblättern jeweils drei große und drei kleine Himmel- und-Hölle-Faltungen nach Anleitung auf Seite 58 her.

3 Bei den drei großen Himmel-und-Hölle-Faltungen schneidest du die Spitze auf der Unterseite (siehe Seite 58, Zeichnung 8) ca. 3 mm weit ab, damit ein Loch zum Durchstecken des Holzstabes entsteht.

4 Fädle dann die großen Blüten auf je einen Holzstab und die kleineren Blüten anders herum darauf. Von den kleinen Blüten siehst du die Rückseite der Faltung. Klebe die vier Innenseiten der kleineren Blüten gut am Holzstab fest.

5 Für den Blütenstempel benötigst du einen Locher, mit dem du Punkte ausstanzt. Klebe sie auf den Holzstabspitzen fest.

Bunte Rakete

bereit zum Abheben

MOTIVHÖHE
ca. 38 cm

MATERIAL
* Faltblätter in je 2 x Rot und Dunkelblau, 10 cm x 10 cm, sowie je 1 x Blau, Hellgrün und Dunkelgrün, 10 cm x 10 cm
* rundes Faltblatt in Blau, ø 12 cm
* je 1 Krepppapierstreifen in Rot, Blau, Hellgrün und Dunkelgrün, 3 cm breit, 20 cm lang
* Holzstab, ø 6 mm, 20 cm lang

1 Für den Raketenrumpf faltest du aus den sieben quadratischen Papieren je eine Himmel-und-Hölle-Faltung nach Anleitung auf Seite 58.

2 Schneide von allen Himmel-und-Hölle-Faltungen ca. 3 mm der Spitze auf der Unterseite ab. Stecke dann den Holzstab durch diese Löcher. Der Raketenrumpf entsteht, indem du die Himmel-und-Hölle-Figuren umgedreht auf den Holzstab fädelst.

3 Für die Spitze der Rakete faltest du das runde Faltpapier einmal zur Mitte. Klebe die geraden Kanten des entstandenen Halbkreis so übereinander, dass eine Spitze entsteht. Stecke sie auf den Holzstab und klebe sie fest.

4 Zuletzt legst du für den Raketenschweif die Krepppapierstreifen übereinander und klebst immer die letzten 3 cm jeder Lage zusammen. Dieses festverklebte Krepppapierstück wickelst du um den Holzstab, klebst es fest und schneidest die Krepppapierstreifen längs in ca. 1 cm breite Streifen.

Mein Tipp für dich

Rakete stabilisieren Mit Klebestreifen kannst du den Raketenrumpf stabilisieren und eventuelle Ungleichmäßigkeiten, die beim Falten entstanden sind, ausgleichen.

ASTRONOMISCH

KLASSISCH

Spielspaß für Ritter & Prinzessinnen
mit dem beliebten Himmel-und-Hölle-Spiel

MOTIVHÖHE
ca. 8–10 cm

MATERIAL
* Faltblatt in Rosa und Orange, 15 cm x 15 cm (Prinzessin)
* Faltblatt in Blau und Grün oder Hellblau und Rot, 20 cm x 20 cm (Ritter oder Pirat)
* Lackmalstifte in Rot, Schwarz, Dunkelblau, Gold, Pink und Weiß
* Grafitpapier- oder Transparentpapierrest (Vorlagen übertragen)

VORLAGE
Seite 60

1 Bereite zuerst das Papier vor: Halbiere das Papierquadrat, das später die Innenfarbe deines Spiels darstellt (Blau, Rot bzw. Orange). Um den Faltstreifen exakt in der Mitte des quadratischen Faltblattes in der Grundfarbe aufkleben zu können, faltest du das Papier …

2 … zuerst in der Mitte und öffnest es wieder.

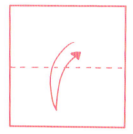

3 Falte dann die Ober- und die Unterkante zum Mittelbruch. Entfalte das Papier wieder.

4 Klebe den Papierstreifen nun im rosa gefärbten Bereich auf.

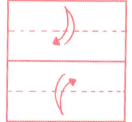
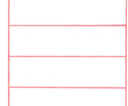

5 Falte das vorbereitete Papier mithilfe der Anleitung auf Seite 58 bis zum Schritt 6.

6 Die oben liegenden Dreiecke sind die späteren Innenflächen des Spiels, die du nun bemalen kannst. Suche dir die gewünschten Motive aus den Vorlagen auf Seite 60 aus und übertrage sie auf dein Himmel-und-Hölle-Spiel. Ziehe die Linien mit einem schwarzem Lackmalstift nach und male die Motive wie abgebildet aus.

7 Lasse die Farben kurz trocknen, bevor du deine Faltung umdrehst. Gestalte die Außenseiten ebenso.

8 Wenn alles getrocknet ist, kannst du das Himmel-und-Hölle-Spiel fertig falten (Schritte 7 bis 9 auf Seite 58).

Mein Tipp für dich

Vorlagen übertragen Mit Grafitpapier, das du im Bastel- oder Schreibwarenladen erhältst, lassen sich Vorlagen im Nu übertragen. Einfach das Papier mit der beschichteten Seite nach unten auf deine Faltung legen, die Vorlage darauf positionieren und die Linien nachzeichnen.
Oder du nimmst Butterbrot- bzw. Transparentpapier! Pause die Vorlage darauf ab, wende dann das Papier und ziehe die Linien mit einem weichen Bleistift sorgfältig nach. Drehe das Papier wieder um und lege es auf dein Motiv. Durch das Nachziehen der Linien mit einem harten, spitzen Bleistift oder Kugelschreiber wird das Bleistiftgrafit übertragen.

Einfache Windräder

der beliebte Faltklassiker

MOTIVHÖHE
ca. 37,5 cm

MATERIAL PRO WINDRAD

- Faltblatt in Gelb, Blau-Weiß gestreift oder gepunktet bzw. Rot-Weiß gestreift oder gepunktet, 15 cm x 15 cm
- je 2 Holzperlen in Rot, Blau oder Natur, ø 1,5 cm
- Blumendrahtstück, 15 cm lang
- Holzstab, ø 5 mm, ca. 30 cm lang
- Perforier- oder Nähnadel

1. Falte das Windrad wie auf Seite 59 beschrieben.

2. Stich mithilfe einer Perforier- oder Nähnadel ein kleines Loch in die Mitte des Windrades. Führe ca. 4 cm des Drahtes durch das Loch und stecke eine große Perle auf das kurze Drahtstück.

3. Dann biegst du das Drahtstück ca. 1 cm vor der Perle um, sodass eine Schlaufe entsteht und die Perle nicht herausrutschen kann. Stecke das Drahtende in die Perle. Es sollte tief im Loch sitzen, aber möglichst auf der anderen Seite nicht wieder herausschauen, da anderenfalls das Papier daran hängen bleiben kann.

4. Stecke nun auf das lange Drahtstück hinter dem Windrad die zweite Perle und wickle den restlichen Draht mehrere Male fest um das obere Ende des Holzstabes.

Meine Tipps für dich

Pannenhilfe Die Faltung sollte etwas Spiel zwischen den Perlen haben, damit sich das Windrad drehen kann. Du kannst zu straff gespannten Draht lockern, indem du ihn wieder etwas vom Holzstab abwickelst. Sitzt der Draht zu locker und das Windrad „eiert", spanne den Draht noch etwas nach.

Unbeschwert spielen Damit du dich nicht an den Drahtenden verletzt und sie nicht am Papier kratzen, kannst du sie mit einer Zange eng ans Holz drücken und mit Klebeband umwickeln.

KLASSISCH

Kunterbunter Malerhut

für kleine Handwerker

MOTIVHÖHE
ca. 23 cm

MATERIAL
* Zeitungspapier
* Tonpapier in Rot, A3
* Acrylfarbe in beliebig vielen Farben
* Pinsel (für Spritztechnik)

1 Falte das rechteckige Zeitungspapier quer in der Mitte nach unten.

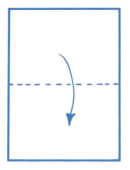

2 Dann faltest du das Papier längs in der Mitte zusammen und öffnest es wieder.

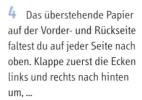

3 Falte nun beide Ecken zum Mittelbruch.

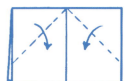

4 Das überstehende Papier auf der Vorder- und Rückseite faltest du auf jeder Seite nach oben. Klappe zuerst die Ecken links und rechts nach hinten um, ...

5 ... bevor du den Hut wendest und die hinteren Ecken nach vorn knickst.

6 Fertig ist der Malerhut! Du kannst ihn gleich aufsetzen oder erst noch verzieren.

7 Schneide für die rote Hutspitze ein Quadrat in der Größe 20 cm x 20 cm und für die Zierstreifen der Hutkrempe zwei Streifen von 3 cm Breite und 42 cm Länge zu.

8 Mit Pinsel und Farbe spritzt du die zugeschnittenen Papierteile bunt an. Dazu nimmst du viel Farbe auf den Pinsel und schleuderst deine Hand von oben nach unten auf die Papierstücke. Das kannst du mit beliebig vielen Farben wiederholen. Lass die so entstandenen Farbkleckse und Streifen anschließend gut trocknen.

9 Zum Schluss faltest du das Quadrat zu einer Hutspitze. Die Anleitung für die Dreieckfaltung findest du auf Seite 10. Falte die dort abgebildeten Schritte 1 bis 5. Danach steckst du das Dreieck auf den Zeitungshut und klebst es fest. Die beiden Zierstreifen klebst du beidseitig auf die Hutkrempe.

Mein Tipp für dich

Damit alles sauber bleibt Lege eine große Unterlage unter die zugeschnittenen Papierstücke und ziehe dir alte Kleidung an, damit du beim Spritzen der Farbe viel Spaß hast, aber keine Flecken abbekommst.

KLASSISCH

BLUMIG

Zarte Fensterblüher

hübsche Frühlingsdekoration

MOTIVHÖHE
ca. 22 cm

MATERIAL
* Transparentpapier-Faltblätter in je 1 x Weiß, Pink, Violett, Blau und 2 x Hellgrün, 14 cm x 14 cm

VORLAGE
Seite 61

1 Lege das Quadrat mit einer Ecke zu dir zeigend vor dich hin. Falte die untere Ecke genau auf die obere und streiche die Kante gut nach.

2 Markiere an der langen Kante unten die Mitte mit einem Bleistift. Von diesem Punkt aus faltest du beide Spitzen als Blütenblätter schräg nach oben, aber nicht bis zur oberen Spitze!

3 Die Blüte ist fertig gefaltet.

4 Für die Blumenstiele faltest du das hellgrüne Transparentpapierblatt immer wieder zur Hälfte zusammen, bis vier Brüche entstanden sind. Schneide den so gefalteten Streifen an der Markierung ab. Aus einem Blatt erhältst du so acht Stiele.

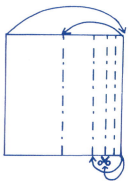

5 Falte jeden Stängel in der Mitte zusammen, sodass er doppelt liegt. Immer zwei werden ineinander gesteckt und ergeben den Stiel einer Blume.

2 x

6 Klebe die Blüten auf die Stiele. Auf das zweite hellgrüne Transparentpapier überträgst du nun die Vorlage für die Blätter. Schneide die Blätter aus und klebe sie an die Stängel.

Mein Tipp für dich

Geschenkidee Eine Faltblume aus Faltpapier in einem kräftigen Farbton auf eine farbige Karte geklebt, ergibt eine schöne Geburtstagskarte.

Furchteinflößendes Krokodil

aus Himmel-und-Hölle-Faltungen

MOTIVLÄNGE
ca. 30 cm

MATERIAL
* 8 Faltblätter in drei verschiedenen Grüntönen, 10 cm x 10 cm
* Bastelfilzreste in Rot, Weiß, Schwarz, Hell- und Dunkelgrün

VORLAGE
Seite 60

1 Für das Krokodil faltest du acht Himmel-und-Hölle-Figuren nach der Anleitung auf Seite 58.

2 Der Körper des Krokodils entsteht, indem du immer eine Zacke der letzten Figur über eine Zacke der nächsten Figur stülpst und diese festklebst.

3 Übertrage die Vorlagen für Augen, Zunge, Zähne und Ohren auf die Filzreste und schneide die Einzelteile aus. Die Motivteile klebst du auf die Innenseiten der ersten Himmel-und-Hölle-Faltung, die Ohren auf die Rückseite.

TIERISCH

Trickreiche Zaubertüte

Simsalabim, weg ist die Münze!

MOTIVHÖHE
ca. 11 cm

MATERIAL
* Universalpapier in Rot oder Orange, A4
* Buntstifte in beliebigen Farben

1 Schneide aus dem Universalpapier ein Rechteck mit den Maßen 29,7 cm x 14,85 cm zu. Dann faltest du das Blatt einmal der Breite nach, sodass ein Quadrat entsteht. Öffne die Faltung wieder.

2 Falte nun die linke untere Ecke bis zum Mittelbruch nach oben und die rechte obere Ecke zum Mittelbruch nach unten.

3 Lege das Papier wie abgebildet vor dich hin. Falte die obere linke Ecke nach unten und die rechte untere Ecke nach oben.

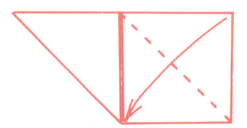

4 Als Nächstes faltest du die rechte Spitze auf die linke.

5 Stecke dann die im Inneren des Papierquadrats liegende linke Spitze (sie ist nach unten offen) oben in die Öffnung zwischen die beiden Dreiecke der rechten Seite.

6 Es ist eine Tüte mit zwei gleichen Öffnungen entstanden.

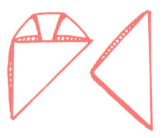

7 Nun kannst du die Tüte mit Mustern verzieren – Sternchen, Kringeln usw. Die Muster sollten auf beiden Seiten möglichst gleichmäßig sein, damit der Zaubertrick gelingt!

Meine Spielidee für dich

Münzen-Zaubertrick In eine der beiden gleich aussehenden Öffnungen wird eine kleine Münze gesteckt. Drehe dann die Tüte unauffällig, sodass die andere Öffnung nach oben zeigt. Simsalabim, die Münze ist verschwunden! Sie wird durch erneutes Drehen der Tüte wieder hergezaubert.

MAGISCH

TIERISCH

Anmutige Schmetterlinge
flattern zwischen Zimmerpflanzen

MOTIVHÖHE
ca. 12 cm

MATERIAL PRO SCHMETTERLING
* rundes Faltblatt in Rosa, Helllila, Grün oder Gelb, ø 12 cm (Körper)
* 2 Seidenraupen-Transparentpapiere in Pink, Lila, Gelb oder Orange, 10 cm x 10 cm
* Chenilledraht in Rot, Helllila, Grün oder Gelb, ca. 25 cm lang
* Schere und spitzes Messer

VORLAGE
Seite 60

1 Für den Schmetterlingskörper rollst du das runde Faltpapier so zu einer Rolle, dass vorne eine größere Öffnung als hinten bleibt und klebst sie dann fest.

2 Für jeden Schmetterling brauchst du zwei Flügel, die du so anfertigst: Falte dein Papierquadrat senkrecht in der Mitte und öffne es wieder.

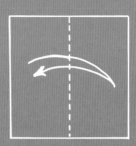

3 Wende das Papier und falte die Schräglinien von Spitze zu Spitze. Öffne dann das Papier wieder.

4 Falte dein Quadrat nun waagerecht.

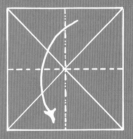

5 Schiebe und falte die rechte obere Ecke nach innen.

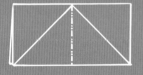

6 Wiederhole den Arbeitsschritt mit der linken oberen Ecke.

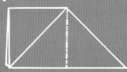

7 Falte nun die oberen Papierlagen zur Mittellinie und drehe deine Faltarbeit danach nach links. Die Figur sieht nun wie rechts abgebildet aus.

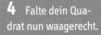

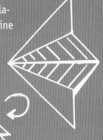

8 Schneide die Spitzen jedes Flügelteils rund ab.

9 Schneide mit dem Messer ca. 4 cm von der größeren Öffnung entfernt auf beiden Seiten der Körper-Rolle einen ca. 2 cm breiten Schlitz ein. Dort steckst du die beiden Flügel hinein.

10 Die Fühler biegst du wie auf der Vorlage abgebildet und steckst sie in die breitere Öffnung.

Schicke Falttasche

aus schönem, gemustertem Papier

MOTIVHÖHE
ca. 18 cm

MATERIAL
* Scrapbookingpapier in Orange mit Blümchenmuster, 30 cm x 30 cm
* Satinbänder in Rosa, Burgund und Orange, 4 mm breit, je 1,3 m lang
* Lochzange

1 Falte dein Papier zu einem Dreieck, indem du die untere Spitze nach oben faltest.

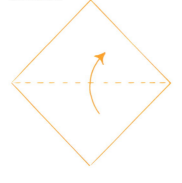

2 Als Nächstes faltest du die obere rechte Kante des Dreiecks auf die Unterkante. Die Faltarbeit sieht nun wie rechts abgebildet aus. Öffne die Faltung wieder. Der Kreis markiert hier den Endpunkt für deinen nächsten Faltschritt.

3 Falte jetzt die rechte Spitze nach links zum markierten Punkt.

4 Eine Papierlage der oberen Spitze faltest du dann an der gestrichelten Linie nach unten und steckst sie in die Innentasche. Anschließend wenden.

5 Wiederhole Schritt 3 auf dieser Taschenseite.

6 Wiederhole Schritt 4 auf dieser Seite.

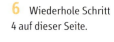

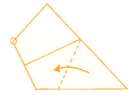

7 So sieht deine fertige Tasche aus.

8 Stanze nun ca. 2,5 cm unterhalb der Oberkante jeweils ein Loch in die Seitenwände und fädle die Satinbänder durch. Lasse links und rechts der Tasche ca. 15 cm lange Bänder überstehen, bevor du mehrere Knoten zur Fixierung machst.

TRENDIG

TIERISCH

Drei kleine Entchen
schwimmen auf dem See

MOTIVHÖHE
ca. 7,5 cm

MATERIAL PRO ENTE
* Faltblatt in Gelb, 15 cm x 15 cm
* 2 Selbstklebepunkte in Weiß, ø 8 mm
* Buntstift in Orange
* dünner Filzstift in Schwarz

1 Falte wie auf Seite 59 beschrieben ein Windrad (Zeichnung 1). Klappe dann das obere Dreieck samt linkem oberen Flügel nach hinten um. Dabei klappt der untere Flügel von selbst nach oben und du erhältst Form 2, die wie eine Vase aussieht.

2 Falte nun Flügel b auf Flügel a. Die Form sieht danach wie auf Zeichnung 3 aus.

3 Als Nächstes wird das obere Dreieck umgeschlagen, wodurch die Mützenfalte für den Kopf entsteht. Öffne die Figur an der rechten Seite und stülpe das Dreieck nach vorn um (rechts). Streiche die Falte zwischen dem markierten Punkt zur Papierspitze hin aus und lege die Figur vorsichtig wieder zusammen. Dabei rutscht das Kopf-Dreieck nach unten. Die Faltarbeit sieht nun wie auf Zeichnung 4 aus.

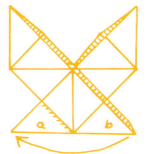

4 Ziehe dann die unteren Ecken der Flügel nach oben und falte die Dreiecke zu Quadraten. Die Entenform ist fertig. Wenn du möchtest, kannst du dem Tier noch ein kleines Schwänzchen falten (siehe Ente vorn auf dem Foto).

5 Nun geht's ans Gestalten des Tiers! Bringe die Selbstklebepunkte als Augen an und male die Pupillen und den Schnabel mit den Farbstiften auf.

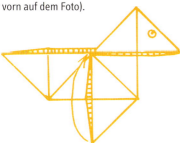

Mein Tipp für dich

Ein See für die Entchen Du kannst aus blauem Papier einen See ausschneiden und die Enten darauf schwimmen lassen. Oder du bemalst wie auf dem Foto einen blauen Karton mit Seerosenblättern und setzt ein paar Stoffblüten dazu.

Segelschiff-Flotte

startbereit für die Regatta

MOTIVHÖHE
ca. 11 cm

MATERIAL
* Faltblatt in Weiß, Dunkelblau, Mittelblau oder Hellblau, 15 cm x 15 cm

1 Falte wie auf Seite 59 beschrieben ein Windrad. Klappe dann das obere Dreieck samt linkem oberen Flügel nach hinten um. Danach klappst du den linken unteren Flügel nach oben und du erhältst Form 2, die wie eine Vase aussieht.

KLASSISCH

Mein Spieltipp für dich

Segelregatta Wie wäre es mit einer Segelregatta beim nächsten Geburtstagsfest? Falte zusammen mit deinen Freunden Segelboote, stellt die Boote dann nebeneinander auf Wasser (z. B. in einem Trog), eine Schnur markiert das Ziel. Wer sein Schiff zuerst über die Ziellinie gepustet hat, gewinnt.

2 Falte nun Flügel b auf Flügel a. Wenn du die Form nun etwas nach rechts drehst, sieht sie wie auf Zeichnung 3 aus.

3 So sieht das fertig gefaltete Boot aus. Streiche alle Kanten noch einmal gut nach, bevor du das Segelboot aufstellst.

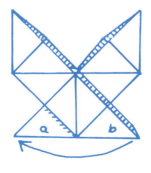
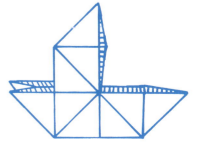

37

Kleiner Fischschwarm

schnell gefaltet

MOTIVGRÖSSE
ca. 13 cm x 10,5 cm

MATERIAL

* je 1 Faltblatt in Mittelgrün, Mittelblau und Dunkelblau, 15 cm x 15 cm
* je 1 Faltblatt in Dunkelgrün und Gelb, 10 cm x 10 cm
* je 1 Faltblatt in Hellblau und Hellgrün, 9 cm x 9 cm
* dünne Gelstifte in Silber, Glitzergrün und Glitzerblau
* dünner Filzstift in Schwarz

1 Falte das Papier wie auf Seite 59 beschrieben bis einschließlich Schritt 6, zu einem Tischtuch.

2 Falte das Tischtuch auf und lege es vor dich hin. Falte eine Ecke zum Mittelpunkt.

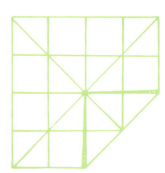

3 Drehe dann die Faltarbeit um und stelle die anderen drei Ecken wie abgebildet auf. Drücke danach die Seiten nach innen.

4 Falte die obere und untere Ecke als Flossen nach hinten. Die mittlere Ecke wird der Schwanz, diese faltest du zweimal um. Wende den Fisch dann auf die Vorderseite. Mit Glitzerstiften kannst du noch Schuppen aufmalen, für Auge und Mund verwendest du den schwarzen Filzstift.

Mein Tipp für dich

Papiervariationen Wenn du gut geübt im Falten der Fische bist, probiere doch mal blaue Metallfolie aus. Damit gefaltet sehen die Fische besonders edel aus.

TIERISCH

Buntes Wetter-Mobile

mit farbenfrohem Regenbogen

MOTIVHÖHE
ca. 30 cm

MATERIAL

- je 1 Tonpapierstreifen in Gelb und Hellgelb, 3 cm breit, 42 cm lang (Sonne)
- je 1 Tonpapierstück in Gelb, Orange, Rot, Violett, Blau und Grün, 12 cm x 5 cm
- Tonpapierreste in Hellgrün (Wiese), Grau (Wolke), Dunkelblau (Regentropfen), Rosa, Gelb, Orange, Lila und Rot (Blumen)
- Motivlocher: Blume, ø 2,5 cm, und Schmetterling, ø 1,5 cm
- Buntstifte in Grau und Grün
- Nähnadel und Nylonschnur
- Holzstab, ø 6 mm, ca. 25 cm lang
- evtl. Büroklammern

VORLAGE
Seite 61

1 Für die Sonne faltest du aus den gelben Papierstreifen eine Hexentreppe wie auf Seite 50 beschrieben.

2 Schließe die Hexentreppe zu einem Kreis und klebe die Endpunkte zusammen. Die Klebestelle kannst du mit Büroklammern fixieren, bis der Klebstoff vollständig getrocknet ist.

3 Übertrage dann die Vorlagen für Wiese, Wolke und Regentropfen auf Tonpapier und schneide sie aus. Mit Buntstiften, die du beim Zeichnen sehr schräg hältst, schraffierst du den Rand. Dein Motiv wirkt dadurch lebendiger.

4 Für den Regenbogen klebst du alle Tonpapierstücke an den schmalen Kanten durch leichtes Überlappen zu einem langen Streifen zusammen. Diesen Streifen faltest du mit der Zick-Zack-Faltung. Falte von deinem Papierstreifen einen ca. 2 cm breiten Streifen um. Wende das Papier und falte den Streifen auf gleicher Breite zurück. Das Papier immer wieder falten und wenden, bis es ganz verarbeitet ist.

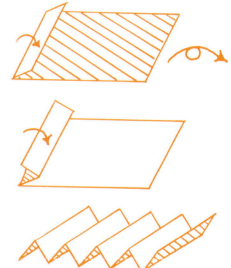

5 Klebe den Streifen dann wie auf der Vorlage eingezeichnet auf der Wiese fest. Mit den Motivlochern kannst du Blumen und Schmetterlinge ausstanzen und die Wiese damit verzieren.

6 Die Regentropfen schneidest du aus dem dunkelblauen Tonpapier aus, fädelst sie mit Nadel und Nylonfaden auf und bringst sie dann an der Wolke an.

7 Zuletzt befestigst du die Sonne, den Regenbogen und die Wolke an jeweils einem doppelt gelegten Nylonfaden und knotest die Fadenenden am Holzstab fest. Zum Aufhängen des fertigen Mobiles knotest du die Enden eines langen Nylonfadens an den beiden Stabseiten fest.

Glückliche Schweinefamilie

niedliche Glücksbringer

MOTIVHÖHE
ca. 5 cm
(großes Schwein)

MATERIAL
PRO
SCHWEIN

* Faltblatt in
  Rosa,
  15 cm x 15 cm,
  oder in Pink,
  9 cm x 9 cm
* Filzstift in
  Schwarz
* Buntstift in Rot

1 Falte das Quadrat einmal mit der linken Kante auf die rechte Kante.

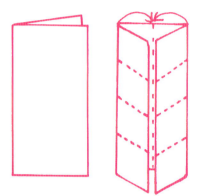

2 Öffne die Faltung wieder und falte beide Kanten zum Mittelbruch. Entfalte das Papier wieder und wiederhole die Schritte 1 und 2 mit den beiden anderen Papierseiten. Danach öffnest du die Faltung nicht mehr, sondern knickst die obere Hälfte nach hinten (siehe Zeichnung 3).

3 Lege die Faltung mit der Öffnung nach unten vor dich hin.

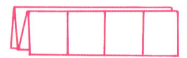

4 Schiebe dann die linke obere Ecke der oben liegenden Papierlage nach rechts innen und drücke das Dreieck flach. Verfahre ebenso auf der anderen Seite. Die obere Papierlage hat nun eine Trapezform.

5 So sieht die Faltarbeit gerade aus. Drehe sie um und wiederhole den Arbeitsschritt 4.

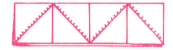

6 Falte als Nächstes jeweils die innen liegende Hälfte der Dreiecke nach außen bis zum jeweiligen Mittelbruch. Dabei entstehen spitze Dreiecke, die unten über die Trapezform herausstehen und Ohren und Beine bilden. Wiederhole die Faltungen auf der anderen Seite.

7 Knicke die rechte Spitze nach hinten um, das ist der Schwanz. Für die Schnauze knickst du die linke Papierspitze etwas und steckst sie nach innen. Nun kannst du das Gesicht mit schwarzem Filzstift und rotem Buntstift gestalten.

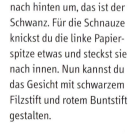

Mein Tipp für dich

Geschenkidee Falte ganz viele Schweinchen, male Kleeblätter auf die Körper und klebe Centstücke darauf. Die Glücksschweinchen sind ein schönes Geschenk zum neuen Jahr.

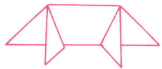
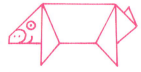

TIERISCH

Hübsche Briefkuverts

Schreib mal wieder!

MOTIVHÖHE
ca. 7 cm

MATERIAL
* Tonpapier in Violett oder Motivpapier in Weiß mit Herzen, 20 cm x 20 cm
* Motivpapier mit Herzchenmuster (zum Verzieren)
* evtl. Motivlocher: Herz, ø 1 cm

1 Falte dein Papierquadrat diagonal zu einem Dreieck.

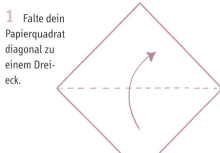

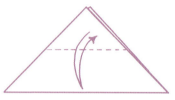

2 Die Spitze des Dreiecks faltest du mittig nach unten und zurück.

3 Danach faltest du die Spitze der oberen Papierlage so nach unten, dass die in Schritt 2 entstandene Faltlinie und die Faltkante des Dreiecks aufeinanderliegen.

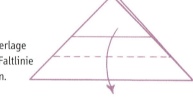

4 Falte die beiden äußeren Ecken an der gestrichelten Linie nach innen, sodass sich die Spitzen berühren.

5 Nun knickst du die untere Spitze nach oben und schlägst die Spitze nach innen um.

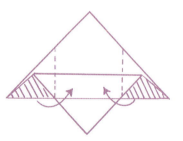

6 Um das Briefkuvert zu schließen, faltest du die obere Spitze nach unten und schiebst sie in das Kuvert.

7 Das Kuvert ist fertig! Du kannst es noch mit ausgeschnittenen oder ausgestanzten Herzchen verzieren.

QUADRATISCH

Farbenfrohe Bilderrahmen

eine ganz besondere Galerie

MOTIVHÖHE
ca. 10 cm

MATERIAL
* Regenbogenbuntpapier oder Geschenkpapier, 20 cm x 20 cm
* evtl. fertigen Bildaufhänger

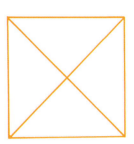

1 Zuerst faltest du die Diagonalen. Dazu führst du die unten liegenden Ecken nacheinander zu den schräg gegenüberliegenden oberen Ecken. Streiche die Faltkanten gut aus!

2 Falte nun alle Ecken zum Mittelpunkt.

3 Dann drehst du die Faltarbeit auf die Rückseite und faltest noch einmal alle Ecken zur Mitte.

4 Drehe die Faltarbeit wieder auf die Vorderseite. Falte nun die Spitzen aller vier Quadrate von der Mitte aus zu den äußeren Ecken.

5 Der Bilderrahmen ist fertig. Schneide dein Bild oder Foto etwas kleiner als den Bilderrahmen zu und schiebe es unter die Ecken. Auf der Rückseite kannst du einen Bildaufhänger anbringen.

Mein Tipp für dich

Eigene Galerie Mache dir doch deine eigene Galerie an der Kinderzimmerwand. Hänge mehrere Bilderrahmen in verschiedenen Größen mit Fotos von deinen Freunden und deiner Familie auf. Auch für kleine Kunstwerke sind die Bilderrahmen ideal!

Prächtiger Adventsstern

aus Himmel-und-Hölle-Faltungen

MOTIVGRÖSSE
ca. 9 cm

MATERIAL
* 6 feste Transparentpapiere mit Sternchendruck, 10 cm x 10 cm
* Büroklammern (zur Fixierung beim Kleben)
* Nylonschnur und Nähnadel zur Aufhängung

1 Falte sechs Himmel-und-Hölle-Figuren nach Anleitung auf Seite 58.

2 Klebe bei jeder Faltfigur die vier Innenflächen zusammen.

3 Nach dem Trocknen klebst du vier Faltfiguren so zusammen, dass daraus ein Kreis entsteht. Die Unterseiten der Himmel-und-Hölle-Figuren zeigen dabei nach außen. Gehe beim Zusammenkleben so vor: Die dreieckige Oberseite einer Himmel-und-Hölle-Faltung wird mit der dreieckigen Oberseite der zweiten Figur verklebt usw. Die vierte Figur schließt dann den Kreis.

4 Die zwei verbliebenen Himmel-und-Hölle-Figuren klebst du an den beiden Seiten des Kreises fest. Die Klebeflächen passen dort genau aufeinander. Auch bei diesen Figuren zeigt die Unterseite wieder nach außen.

5 Zuletzt bringst du mit einer Nadel den Nylonfaden zum Aufhängen an.

Mein Tipp für dich

Leichter geht's mit Büroklammern Nimm beim Zusammenkleben immer Büroklammern zu Hilfe. Sie halten alles in Form, bis der Klebstoff getrocknet ist.

WEIHNACHTLICH

Gefaltete Lichter

ein schöner Festtagsschmuck

MOTIVHÖHE
ca. 11 cm

MATERIAL
- Tonpapierstreifen in Hell- und Dunkelrot, 5 cm breit, 50 cm lang
- Tonpapierstreifen in Hell- und Dunkelorange, 4 cm breit, 50 cm lang
- Tonpapierstreifen in Rosa und Pink, 3,5 cm breit, 50 cm lang
- Tonpapierrest in Gelb (Flamme)

VORLAGE
Seite 60

> **Mein Tipp für dich**
>
> Je bunter, desto schöner Zweifarbig sehen die Hexentreppen besonders schön aus. Übrigens: Du kannst diese Faltung ganz vielseitig einsetzen: für Armbänder, Kränzchen, Girlanden oder als Arme und Beine für Menschen oder Tierfiguren.

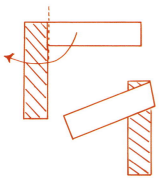

1 Klebe zwei gleich lange und gleich breite Papierstreifen im rechten Winkel aufeinander. Falte den oben liegenden Streifen über den unten liegenden Streifen und ziehe die Faltkante gut mit dem Daumennagel nach.

2 Falte nun den unteren Streifen über den oberen. Fahre so fort, bis die Faltstreifen aufgebraucht sind. Klebe die Enden mit etwas Klebstoff aneinander, damit sich die Faltung nicht löst.

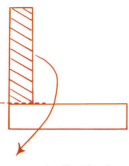

3 So sieht die fertige Hexentreppe aus.

4 Übertrage die Flamme auf gelbes Tonpapier und schneide sie aus. Mit schwarzem Filzstift malst du den Docht auf. Knicke dann das untere Ende der Flamme nach hinten und klebe sie auf die Kerze.

FESTLICH

Sternenkörbchen

Geschenke schön verpacken

MOTIVHÖHE
ca. 5 cm

MATERIAL
PRO
KÖRBCHEN

* zweifarbiges Packpapier in Grün-Rot, 25 cm x 25 cm und Rest
* evtl. Motivlocher: Tannenbaum und Herz, ø 2,5 cm

WEIHNACHTLICH

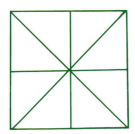

2 Halte mit Daumen und Zeigefinger jeweils das linke und rechte Quadrat fest, drücke beide gleichzeitig nach unten und führe sie nach innen zusammen. Das vordere und das hintere Faltquadrat gehen dabei automatisch hoch. Streiche danach alle Kanten fest aus. Lege das entstandene Quadrat, mit den offenen Seiten nach oben, vor dich hin.

3 Falte nun die offenen Kanten der oberen Papierlage zum Mittelbruch.

4 Wende danach die Faltarbeit auf die Rückseite und wiederhole Faltung 3. Eine nach unten zeigende Drachenform entsteht.

1 Lege das Quadrat wie abgebildet vor dich hin und falte die untere auf die obere Kante. Dann drehst du das Papier nach rechts und wiederholst die Faltung mit der anderen Kante. Wende das Papier und falte nun die Schräglinie, indem du jeweils die Ecken aufeinander faltest. Öffne die Faltung wieder.

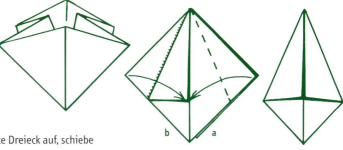

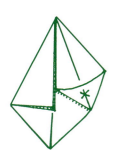

5 Stelle das rechte Dreieck auf, schiebe deinen Zeigefinger in die Tasche und drücke die Spitze heraus. Dann kannst du die Tasche von außen flachdrücken, sodass die Mitte des Dreiecks genau auf dem Bruch darunter zu liegen kommt. (Auf der Zeichnung ist die Stelle mit einem x markiert.) Die Kanten ausstreifen und mit dem linken Dreieck genauso verfahren. Dann wendest du die Faltarbeit und wiederholst die Faltungen auf der Rückseite.

6 Schlage die äußeren Hälften der linken Drachenformen nach hinten um (aber nur um die Papierlage selbst, nicht um die ganze Faltung, siehe Seite b). Mache das Gleiche dann auf der anderen Seite (a). Wende danach die Faltarbeit und wiederhole die Faltungen auf der anderen Seite.

7 Falte die obere Spitze so weit wie möglich nach unten. Verfahre danach ebenso mit den anderen drei Sternspitzen. Das Körbchen ist nun fertig gefaltet und wird als Nächstes geöffnet.

8 Greife dazu oben in die Faltarbeit und ziehe und drücke die Seiten auseinander. Stelle das Körbchen auf den Tisch und drücke die Kanten. Streiche sie anschließend gut aus, sodass das Körbchen stehen kann.

9 Wenn du möchtest, kannst du die Sternzacken des Körbchens mit ausgestanzten oder ausgeschnittenen Weihnachtsmotiven verzieren.

53

Glitzernde Sterne

ein schöner Fensterschmuck

MOTIV-
GRÖSSE
ca. 21 cm

MATERIAL
* Faltblatt aus Metallfolie in Gold, Grün und Rot mit Sternchendruck, 15 cm x 15 cm
* Motivlocher: Stern, ø ca. 2,5 cm
* Schere

1 Lege das Quadrat mit einer Ecke nach unten und einer nach oben vor dich hin. Falte die untere Ecke genau auf die obere und streiche die Faltkante mit dem Daumennagel fest nach. Öffne die Faltung wieder und verfahre ebenso mit den anderen Ecken.

2 Als Nächstes faltest du die Geraden. Lege das Faltblatt mit einer Kante vor dich. Falte die untere Kante genau auf die obere Kante. Fest ausstreifen. Den Vorgang mit den anderen beiden Kanten wiederholen.

3 Öffne die Faltarbeit wieder. Nun schneidest du die vier geraden Brüche jeweils bis zur Hälfte ein.

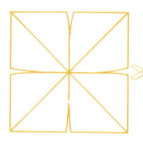

4 Falte danach die Ecken nach innen, sodass die Kanten an den Schräglinien liegen. Die vier Sternstrahlen entstehen.

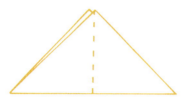

5 Falte noch einen Stern wie in den Schritten 1 bis 4 beschrieben aus einem gleich großen, aber andersfarbigen Faltblatt.

6 Klebe dann beide Sterne, mit den offenen Faltungen nach innen, aneinander.

Mein Tipp für dich

Ganz nach deinem Geschmack Den Stern kannst du aus den unterschiedlichsten Papieren gestalten, z. B. Tonpapier, bedrucktem Geschenkpapier oder einfarbigem und zweifarbigem Faltpapier. Er wirkt jedes Mal ganz anders.

7 Nun kannst du den Stern noch von beiden Seiten mit ausgestanzten Sternen schmücken.

Materialien und Werkzeuge

PAPIERE Quadratische Faltblätter eignen sich perfekt für die Modelle in diesem Buch. Am besten verwendest du Faltblätter aus durchgefärbtem Papier. Außerdem können auch Faltblätter aus Transparentpapier und Seidenraupen-Transparentpapier verwendet werden. Dickere Papiere lassen sich nicht so exakt falten und sind deshalb ungeeignet.

Als Kleber eignen sich alle **ALLESKLEBER**. Keinen Klebstoff ohne Lösungsmittel verwenden, sonst wellt sich das Papier.

Die Faltlinien werden entweder mit dem Fingernagel oder einem **FALZBEIN** nachgezogen, damit die Falten bzw. Kanten sehr scharf sind.

Mit **FILZ-** oder **BUNTSTIFTEN** kannst du manchen Tieren Augen, Nasen oder Muster aufmalen.

So wird's gemacht

Die Faltblätter sollten dünn, fest und passend gefärbt sein.

Es gibt viele fertig zugeschnittene Faltblätter in verschiedenen Größen. Du kannst auch spezielles Origamipapier kaufen, das muss aber nicht zwingend sein.

Die meisten Faltarbeiten gehen vom Quadrat aus. Ob Quadrat, Rechteck oder andere Grundform: Wer sein Faltblatt selbst zuschneidet, muss darauf achten, dass er es exakt ausmisst und genau schneidet.

Wenn es ans Falten geht: Am besten ist es, sich zuerst die Zeichnungen anzusehen; dann den Text mit den Zeichnungen verbinden.

Lege das Faltblatt gerade vor dich hin, gleichlaufend mit der Tischkante. Zum Falten von Geraden das Faltblatt mit Daumen und Zeigefinger auf beiden Seiten anfassen, die Ecken genau aufeinanderlegen und die Faltkante mit einem Falzbein oder mit dem Daumennagel von der Mitte aus in beide Richtungen fest ausstreifen. Für Kinder ist das Falzbein eher hinderlich, der Daumennagel genügt.

Falte immer von unten nach oben. Und vergiss nicht: Genaues Arbeiten ist wichtig, um schöne Ergebnisse zu erhalten!

Himmel-und-Hölle-Faltung

1 Lege das Quadrat wie abgebildet vor dich hin. Falte die Spitzen oben und unten aufeinander, um die erste Schräglinie zu erhalten. Öffne die Faltarbeit wieder und drehe das Papier nach links. Falte nun die zweite Diagonale und entfalte das Papier wieder.

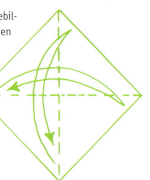

2 Falte als Nächstes die Geraden. Dazu legst du das Papier Kante auf Kante und ziehst die Mittellinie gut mit dem Daumennagel nach. Drehe das Blatt nach links und wiederhole die Faltung mit der gegenüberliegenden Kante. Öffne das Papier wieder.

3 Falte nun alle Ecken zur Mitte.

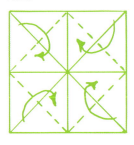

4 Wende deine Faltung.

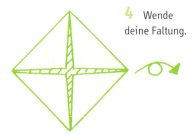

5 Falte noch einmal alle Ecken zur Mitte. Streiche die Faltlinien gut mit dem Daumennagel nach.

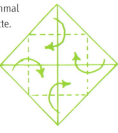

6 So sieht die Faltarbeit nun aus. Wende sie wieder.

7 Greife mit Daumen und Zeigefinger jeder Hand in die vier Öffnungen und ziehe dein Himmel-und-Hölle-Spiel auseinander.

8 So sieht die Unterseite aus.

9 Und so sieht das Spiel von oben aus.

> **Mein Tipp für dich**
>
> **Spielspaß** Lass dir von einem Spielkameraden eine Zahl nennen. Mit der Himmel-und-Hölle-Faltung auf den Fingern zählst du bis zu dieser Zahl und öffnest dabei die Faltung im Wechsel von waagerecht nach senkrecht. Die Figur, die bei deiner letzten Zahl zu sehen ist, steht dann für deinen Spielkameraden (Pirat oder Ritter, Prinzessin oder Hexe).

SO WIRD'S GEMACHT

Windrad-Faltung

1 Lege das Papierquadrat mit einer Ecke nach unten und einer nach oben vor dich hin. Falte dann die untere Ecke genau auf die obere. Den Bruch mit dem Daumennagel fest ausstreifen. Öffne die Faltung wieder und verfahre mit den anderen beiden Ecken genauso.

2 Lege nun das Quadrat mit zwei Ecken nach unten und oben vor dich hin. Falte die untere Kante genau auf die obere Kante und ziehe die Faltkante mit dem Daumennagel gut nach. Wiederhole den Vorgang mit den anderen beiden Kanten.

3 Öffne die Faltarbeit wieder.

4 Falte nun die rechte und die linke Kante an den Mittelbruch.

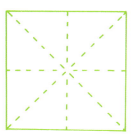 

5 Öffne die Faltung abermals und verfahre mit den beiden anderen Kanten genauso. Dann entfaltest du das Papier wieder.

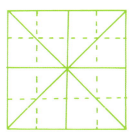

6 Nun faltest du die Ecken bis zum ersten Bruch nach, sodass ein Tischtuch entsteht.

7 Drehe das Tischtuch um, sodass die Ecken oben liegen. Drücke dann die Seiten nach innen.

8 Falte abschließend jede Spitze nach links und streiche die Faltkanten gut aus. Die Windradform ist fertig.

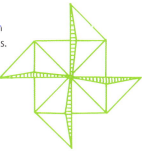

59

Spielspaß für Ritter & Prinzessinnen
SEITE 18

Gefaltete Lichter
SEITE 50

Anmutige Schmetterlinge
SEITE 30

Furchteinflößendes Krokodil
SEITE 26

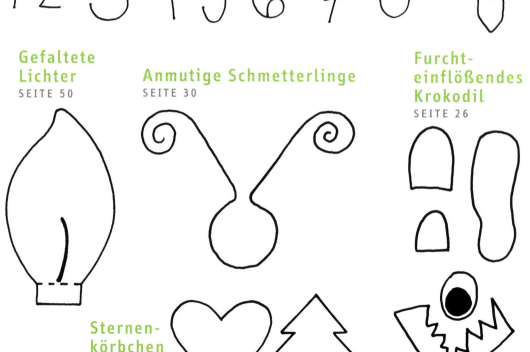

Sternenkörbchen
SEITE 52

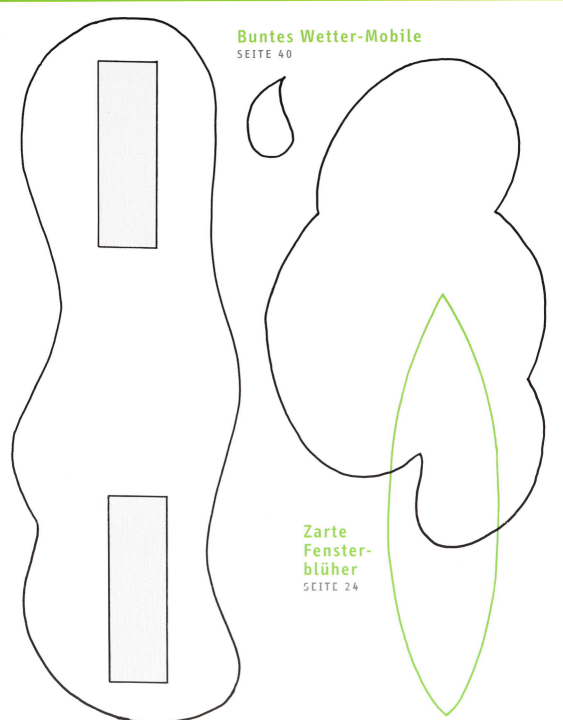

VORLAGEN

Buntes Wetter-Mobile
SEITE 40

Zarte Fensterblüher
SEITE 24

Buchtipps für Sie

TOPP 5720
ISBN 978-3-7724-5720-3

TOPP 5226
ISBN 978-3-7724-5226-0

TOPP 5631
ISBN 978-3-7724-5631-2

TOPP 3773
ISBN 978-3-7724-3773-1

TOPP 3760
ISBN 978-3-7724-3760-1

TOPP 3724
ISBN 978-3-7724-3724-3

TOPP 5812
ISBN 978-3-7724-5812-5

TOPP 5813
ISBN 978-3-7724-5813-2

TOPP 5814
ISBN 978-3-7724-5814-9

Bastelideen für Kinder

Basteln, das heißt spielen, staunen, begreifen, lernen und die eigene Kreativität entdecken. Ob hübsche Dekoration, tolle Bastelidee oder spielerische Förderung: In diesen Büchern werden Sie garantiert fündig.

QUICKFINDER

Die drei einfachsten Modelle

Windräder ▶ 20
Blumen ▶ 24
Briefkuverts ▶ 44

Die drei bekanntesten Modelle

Himmel und Hölle ▶ 18
Malerhut ▶ 22
Segelschiffe ▶ 36

Die drei eindrucksvollsten Modelle

Windmühle ▶ 12
Krokodil ▶ 26
Rakete ▶ 16

TOPP – Unsere Servicegarantie

WIR SIND FÜR SIE DA! Bei Fragen zu unserem umfangreichen Programm oder Anregungen freuen wir uns über Ihren Anruf oder Ihre Post. Loben Sie uns, aber scheuen Sie sich auch nicht, Ihre Kritik mitzuteilen – sie hilft uns, ständig besser zu werden.

Bei Fragen zu einzelnen Materialien oder Techniken wenden Sie sich bitte an unseren Kreativservice, Frau Erika Noll.
   mail@kreativ-service.info
   Telefon 0 50 52 / 91 18 58

Das Produktmanagement erreichen Sie unter:
   pm@frechverlag.de
   oder:
   frechverlag
   Produktmanagement
   Turbinenstraße 7
   70499 Stuttgart
   Telefon 07 11 / 8 30 86 68

LERNEN SIE UNS BESSER KENNEN! Fragen Sie Ihren Hobbyfach- oder Buchhändler nach unserem kostenlosen Kreativmagazin Meine kreative Welt. Darin entdecken Sie vierteljährlich die neuesten Kreativtrends und interessantesten Buchneuheiten.

Oder besuchen Sie uns im Internet! Unter www.frechverlag.de können Sie sich über unser umfangreiches Buchprogramm informieren, unsere Autoren kennenlernen sowie aktuelle Highlights und neue Kreativtechniken entdecken, kurz – die ganze Welt der Kreativität.

Kreativ immer up to date sind Sie mit unserem monatlichen Newsletter mit den aktuellsten News aus dem frechverlag, Gratis-Bastelanleitungen und attraktiven Gewinnspielen.

Eva Sommer ist beruflich seit vielen Jahren als Kindergartenleiterin tätig und daher mit den Interessen dieser Altersgruppe bestens vertraut.

Tanja Wechs möchte sich bei ihrer Tochter, Milena, ganz herzlich für die tolle Mitarbeit beim Fotoshooting bedanken.

DANKE!

Vielen Dank an die Buntpapierfabrik Ludwig Bähr, Kassel, für die freundliche Bereitstellung von Material.

IMPRESSUM

MODELLE: Eva Sommer (Seite 6–9, 20/21, 24/25, 28/29, 34–39, 42/43, 46/47, 50–55), Tanja Wechs (S. 10–19, 22/23, 26/27, 30–33, 40/41, 44/45, 48/49)

FOTOS: frechverlag GmbH, 70499 Stuttgart; lichtpunkt, Michael Ruder, Stuttgart

PROJEKTMANAGEMENT: Tina Becker

LEKTORAT: Tina Becker und Monique Rahner

LAYOUT: Petra Theilfarth

DRUCK UND BINDUNG: Finidr, s.r.o., Cesky Tesin, Tschechische Republik

Materialangaben und Arbeitshinweise in diesem Buch wurden von den Autorinnen und den Mitarbeitern des Verlags sorgfältig geprüft. Eine Garantie wird jedoch nicht übernommen. Autorinnen und Verlag können für eventuell auftretende Fehler oder Schäden nicht haftbar gemacht werden. Das Werk und die darin gezeigten Modelle sind urheberrechtlich geschützt. Die Vervielfältigung und Verbreitung ist, außer für private, nicht kommerzielle Zwecke, untersagt und wird zivil- und strafrechtlich verfolgt. Dies gilt insbesondere für eine Verbreitung des Werkes durch Fotokopien, Film, Funk und Fernsehen, elektronische Medien und Internet sowie für eine gewerbliche Nutzung der gezeigten Modelle. Bei Verwendung im Unterricht und in Kursen ist auf dieses Buch hinzuweisen.

| Auflage: | 5. | 4. | 3. | 2. | 1. | [Letzte Zahlen |
| Jahr: | 2013 | 2012 | 2011 | 2010 | 2009 | maßgebend] |

© 2009 frechverlag GmbH, 70499 Stuttgart

ISBN 978-3-7724-5817-0 • Best.-Nr. 5817